全国技工院校汽车维修专业（中级技能层级）

汽车文化（第二版）习题册

段德军◎主编

中国劳动社会保障出版社

简介

本习题册是全国技工院校汽车维修专业模块化教材（中级技能层级）《汽车文化（第二版）》的配套用书。内容紧扣教材的教学要求，注重基础知识的巩固，知识点分布均衡，题型丰富，难易适当，有助于学生复习巩固所学知识。

本习题册由段德军任主编，刘晓倩、杜飞莹参与编写。

图书在版编目（CIP）数据

汽车文化（第二版）习题册 / 段德军主编 . -- 北京 : 中国劳动社会保障出版社，2024
全国技工院校汽车维修专业 . 中级技能层级
ISBN 978-7-5167-6488-6

Ⅰ. ①汽… Ⅱ. ①段… Ⅲ. ①汽车 - 文化 - 中等专业学校 - 习题集 Ⅳ. ①U46-05

中国国家版本馆 CIP 数据核字（2024）第 086110 号

中国劳动社会保障出版社出版发行

（北京市惠新东街 1 号　邮政编码：100029）

*

北京谊兴印刷有限公司印刷装订　新华书店经销

787 毫米 ×1092 毫米　16 开本　4 印张　80 千字

2024 年 5 月第 1 版　2025 年 9 月第 2 次印刷

定价：9.00 元

营销中心电话：400-606-6496

出版社网址：http://www.class.com.cn

http://jg.class.com.cn

目　录

第一章 汽车史话

第一节 车的起源

一、填空题（将正确答案填在横线上）

1. ________的发明则促进了车的产生与发展。

2. ________车轮具有很强的实用性，因此被人类使用了近5000年，期间除了材质和工艺上有所改进，基本没有太大变化。

3. 古人称横木为________，直木为________，将直木和横木架在轮子上，这便是中国车的雏形。

4. 目前，我国出土最早的车始于________朝，它是一种造型非常精致的二轮单辕马车。

5. 从滑动搬运到________搬运是人类运输方式的第二次飞跃，直接促成了车轮的发明。

6. 1845年，苏格兰人________利用橡胶制作了世界上第一条充气轮胎，赋予了车轮更好的减震效果和抓地力。

二、选择题（将正确答案的序号填在括号内）

1. 在我国古代甲骨文中，象形文字  代表的是（　　）。

A. 车　　B. 轮　　C. 辕

2. 公元前221年，统一了车辆制造和道路修建标准的是（　　）。

A. 刘邦　　B. 秦始皇　　C. 商汤

3. 目前发现最古老的具备车轮和车身的车，是公元前（　　）年左右美索不达米亚地区使用的车。

A. 2000　　B. 3000　　C. 3300

4. 公元前1675年，（　　）发明了装有制动装置的马车。

A. 古罗马人　　B. 古巴比伦人　　C. 古埃及人

5. 因为实心车轮质量太大，影响行驶速度，人们又发明了（　　）车轮。

A. 橡胶　　B. 充气　　C. 辐条

6. 1839年，（　　）发明了硫化橡胶，使车轮有了新的飞跃。

A. 查尔斯·固特异　　B. 汤姆森　　C. 菲里普二世

三、判断题（正确的打“√”，错误的打“×”）

1. 苏格兰人汤姆森发明了硫化橡胶，使车轮有了新的飞跃。（　　）

2. 我国出土最早的车始于秦朝，它是一种造型非常精致的二轮单辕马车。（　　）

3. 公元前2500年左右，中国就设立了掌管道路的“司令官”，开始了有组织的道路修筑和交通发展。（　　）

4. 我国西晋时期发明的记里鼓车是用来指方向的。（　　）

5. 从滑动搬运到滚动搬运是人类运输方式的第二次飞跃，滚动搬运直接促成了车轮的发明。（　　）

6. 1662年，法国巴黎街头首次出现了轨道车。（　　）

7. 公元前2000年左右，辐条车轮广泛应用于人类的生产和生活，尤其在战争当中，中国、中亚、印度、希腊等地区都出现了马拉战车。（　　）

8. 迄今最早的车轮是在美索不达米亚地区发现的，是一块实心木墩，截面中间掏了一个方孔。（　　）

四、简答题

1. 简述车轮的发明史。

2. 简述中国古代车的发明史。

第二节　蒸汽机汽车的发明

一、填空题（将正确答案填在横线上）

1. 1765 年，英国人__________发明了蒸汽机，把人类带入了“蒸汽机时代”。

2. 1769 年，法国人__________制造了世界上第一辆蒸汽机汽车，这是汽车发展史上的里程碑，标志着人类以机械力驱动车辆时代的到来。

3. 1825 年，英国人 __________制造了世界上第一辆以营业为目的的蒸汽机公共汽车。

4. __________是人类工业革命的重要发明之一，它的原理是将水蒸气的压力转化为机械能。

5. 1712 年，英国的托马斯·纽科门制造了活塞式蒸汽机，人们称它为__________。

二、选择题（将正确答案的序号填在括号内）

1. 1801 年，（　　）制造了世界上第一辆载客蒸汽机汽车，历史上称之为“伦敦蒸汽马车”。

A．查德·特雷蒂克　　B．哥尔斯瓦底·嘉内

C．特里维斯科

2. （　　）不属于蒸汽机汽车逐渐被内燃机汽车取代的主要原因。

A．蒸汽机热效率低

B．噪声和废气污染严重

C．车辆行驶速度和方向受道路状况影响较大

D．操控不舒适

3. 1923 年，（　　）生产了最后一辆蒸汽机汽车，从此告别了蒸汽机汽车时代。

A．美国　　B．法国　　C．英国

4. 1768 年，（　　）制造出了第一台装有冷却器的蒸汽机样机。

A．赛维利　　B．瓦特　　C．托马斯·纽科门

5. 世界上第一台真正的蒸汽机诞生于（　　）年，被称为“万能蒸汽机”。

A．1784　　B．1774　　C．1768

三、判断题（正确的打“√”，错误的打“×”）

1. 蒸汽机的历史可以追溯到古希腊，但是真正有实用价值的蒸汽机则是在 18 世纪后期出现的。（　　）

2. 瓦特蒸汽机的发明推动了机械工业乃至社会的发展，为汽轮机和内燃机的发展

奠定了基础。（　　）

3．最早的蒸汽机汽车是瓦特发明的，这辆汽车被命名为“卡布奥雷号”。（　　）

4．19 世纪初，美、德等国已开始利用蒸汽机汽车进行客运和货运服务。（　　）

5．19 世纪末 20 世纪初，蒸汽机汽车已发展到了极致，此时蒸汽机汽车的燃料已由煤转为石油。（　　）

6．1923 年，英国生产了最后一辆蒸汽机汽车，从此告别了蒸汽机汽车时代。（　　）

7．1669 年，英国的赛维利制造了一台以蒸汽为动力的抽水机，这是较早的蒸汽机，人们称它为赛维利蒸汽机。（　　）

8．1803 年，法国工程师特里维斯科采用新型高压蒸汽机，制造出能够承载 8 人、车速 13 km/h 的载客蒸汽机汽车。（　　）

四、简答题

1．简述蒸汽机的发明历程。

2．简述蒸汽机汽车的发展史。

第三节　内燃机汽车的发明

一、填空题（将正确答案填在横线上）

1. 德国工程师__________发明了第一台实用的活塞式四冲程内燃机，为内燃机汽车的诞生奠定了基础。

2. 1860 年，法国电器工程师__________，制成了可用来驱动车辆的二冲程煤气机。

3. __________成功制造了世界第一辆内燃机汽车，被誉为“汽车之父”。

4. 1861 年，法国铁路工程师罗彻斯提出了“进气、________、做功、________”的四冲程发动机理论，这一理论为内燃机的发展提供了理论基础。

5. 德国人__________制造出了以柴油为燃料的内燃机，并于 1897 年发明了压燃式柴油机及其喷油装置。

6. 享有“汽车设计之父”美誉的是__________。

7. ________发明了世界上最早的摩托车。

8. 卡尔 · 本茨成立了当时德国最大的汽车制造厂——__________公司。

二、选择题（将正确答案的序号填在括号内）

1.（　　）被世人称为“汽车诞生日”。

A. 1885 年 1 月 29 日　　B. 1886 年 1 月 29 日

C. 1886 年 1 月 30 日

2. 下图所示的活塞式四冲程卧式内燃机是（　　）发明的。

A. 狄赛尔　　B. 戈特利布 · 戴姆勒

C. 奥托

3．下图所示为世界最早的四轮汽油机汽车，其发明者是（　　）。

A．戈特利布·戴姆勒　　B．奥托

C．卡尔·本茨

4．闻名遐迩的梅赛德斯品牌赛车是（　　）设计的。

A．戈特利布·戴姆勒　　B．卡尔·本茨

C．威廉·迈巴赫

5．世界上第一台立式发动机是（　　）。

A．戴姆勒发动机　　B．勒诺瓦赫内燃机

C．奥托内燃机

三、判断题（正确的打“√”，错误的打“×”）

1．三轮汽车的发明者卡尔·本茨在 1879 年首次成功试验了一台两冲程式发动机，并在 1883 年创立了奔驰公司和奔驰莱茵发动机厂。（　　）

2．1893 年，勒诺瓦赫制造出了以柴油为燃料的内燃机，并于 1897 年发明了压燃式柴油机及其喷油装置。（　　）

3．1794 年，斯垂特首次提出了把燃料和空气制成混合气以供燃烧的构想。（　　）

4．内燃机是燃料在气缸内部燃烧，通过释放热能使气缸内部产生高温高压，从而推动活塞做功的。（　　）

5．1883 年，戈特利布·戴姆勒和威廉·迈巴赫改进了奥托的四冲程内燃机，发明了第一台用汽油代替煤气作为燃料的卧式发动机。（　　）

6．1884 年，法国人戴波第维尔利用奥托的循环理论，制造出了一台使用液体燃料的四冲程内燃机，这台内燃机具备了现代内燃机的雏形。（　　）

7．戴姆勒公司和奔驰公司于 1926 年 6 月 29 日合并，新公司名为戴姆勒 – 奔驰公司。（　　）

8．小型内燃机仅用 20 年便在技术上取得突破，实现了实用化，成为现代汽车发展的基石。（　　）

四、综合题

1．简答题

（1）简述内燃机的发明过程。

（2）简述内燃机汽车的诞生过程。

2．实践题

查询资料，写出世界上第一辆内燃机汽车的结构和性能。

第四节　新能源汽车的发明

一、填空题（将正确答案填在横线上）

1. ＿＿＿＿＿是最早出现的新能源汽车，也是最简单的一种。

2. 1881 年，法国人＿＿＿＿＿＿＿＿＿＿利用改进的铅酸蓄电池和西门子电动机，打造出一辆真正意义上的三轮电动汽车，也是世界上公认的第一辆电动汽车。

3. 保时捷创始人、德国人＿＿＿＿＿＿＿＿＿制造了一辆使用汽油发电机和轮毂电动机的汽车，被称为“mixte（混合车）”。

4. 氢燃料电池汽车利用＿＿＿＿＿＿在燃料电池中发生电化学反应，并通过产生的电能驱动电机。

5. ＿＿＿＿＿是第一款量产的氢燃料电池汽车，也是全球销量最高的氢燃料电池汽车。

二、选择题（将正确答案的序号填在括号内）

1. 法国著名物理学家（　　）发明了第一块铅酸蓄电池，助推了电动汽车的发展。

A. 普兰特　　B. 古斯塔夫·特鲁夫利

C. 托马斯·达文波特

2. 1834 年，美国人（　　）打造了一辆由干电池驱动的电动三轮汽车。

A. 古斯塔夫·特鲁夫利　　B. 托马斯·达文波特

C. 罗伯特·安德森

3. 1888 年，德国工程师（　　）发明了第一辆四轮电动汽车。

A. 普兰特　　B. 托马斯·达文波特

C. 安德烈亚斯·弗兰克

4. 1900 年，（　　）推出了第一台混合动力原型汽车 Lohner-Porsche Semper Vivus。

A. 费迪南德　　B. 克里斯提安

C. 卡米尔·詹纳

5.（　　）是第一款量产的混合动力汽车，也是全球销量最多的混合动力汽车。

A. 本田思域　　B. 丰田普锐斯

C. 本田雅阁

三、判断题（正确的打“√”，错误的打“×”）

1. 到 20 世纪末，电动汽车一度占据了汽车市场的主导地位。（　　）

2. 到 20 世纪末，混合动力汽车开始进入商业化阶段，日本丰田（Toyota）、本田（Honda）在混合动力汽车领域技术相对领先。（　　）

3. 所谓新能源汽车是指采用新型动力系统、完全或主要依靠新型能源驱动的汽车。 （　　）

4. 燃料电池在汽车领域的应用可追溯到 1980 年。 （　　）

5. 比利时人卡米尔·詹纳齐打造的炮弹形电动汽车，打破了当时燃油汽车保持的最高车速记录。 （　　）

四、综合题

1. 简答题

（1）什么是新能源汽车？

（2）简述新能源汽车的发明史。

2. 实践题

说一说你有哪些喜欢的新能源汽车，喜欢的原因是什么？

第五节　现代汽车工业的发展历程

一、填空题（将正确答案填在横线上）

1. 新中国从______年开始有了自己的汽车工业，______ — ______年是我国汽车工业的创业阶段。

2. ____________是我国第一个汽车工业生产基地，在成立之初，其主要发展战略是以生产中型载货汽车、军用汽车和其他改装汽车为主。

3. 1997年，____________进入汽车产业，成为中国第一家民营轿车生产企业，拉开了中国汽车走向成熟的序幕。

4. ________年，我国汽车年产量达到1 360万辆，一举超越美国、日本，位居世界第一。自此开始，我国连续多年汽车产销量稳居全球第一。

5. 全球最大的新能源汽车市场是__________。

6. __________是全世界第一个新能源汽车品牌，在2003年正式创立。

7. 1914年，____________汽车公司的第一条汽车装配流水线正式投产，揭开了汽车大生产时代的序幕。

8. ____________提出的汽车平民化思想，使美国的汽车产量急剧飙升，市场异常繁荣。

9. 德国大众汽车公司制造的____________汽车，几乎复刻了T型汽车的奇迹，创造了同一车型新的产量纪录。

10. 日本汽车工业始建于1933年，当时主要是__________和__________两家汽车公司。

二、选择题（将正确答案的序号填在括号内）

1. 1956年7月13日，新中国第一辆国产汽车——（　　）驶下总装配生产线，结束了中国不能制造汽车的历史，圆了中国人的汽车生产之梦。

A. 解放载货汽车　　B. 东风轿车

C. 红旗轿车

2. 1958年9月28日，上海汽车装配厂的工人们，硬是用榔头手工敲打出了上海第一辆轿车——（　　）轿车。

A. 解放　　B. 红旗

C. 凤凰

3. 2010年，（　　）收购沃尔沃汽车，是迄今中国汽车行业最大的一次海外并购。

A. 吉利　　B. 奇瑞　　C. 长城　　D. 比亚迪

4.（　　）年，我国跃升为全球最大新车市场。

A．2010　　B．2009

C．2005

5．19 世纪末至 20 世纪初，汽车诞生之初就出现了很多专门从事汽车制造的公司，以下不是这一时期开始的汽车公司是（　　）。

A．戴姆勒汽车公司　　B．奔驰汽车公司

C．福特汽车公司　　D．大众汽车公司

6．1914 年，（　　）汽车公司的第一条汽车装配流水线正式投产，揭开了汽车大生产时代的序幕。

A．美国克莱斯勒　　B．美国福特

C．德国大众

三、判断题（正确的打“√”，错误的打“×”）

1．1886—1895 年，内燃机技术不断改进创新，汽车底盘结构和各类配件发生了许多与内燃机特性相配合的变化，汽车技术迅速成熟起来，特别是可拆卸充气橡胶轮胎的应用，使汽车如虎添翼。（　　）

2．19 世纪末至 20 世纪初，汽车主要采用单件、小批量生产，那时的汽车只是作为娱乐工具，被当作贵族们享用的奢侈品。（　　）

3．1914 年，美国通用汽车公司的第一条汽车装配流水线正式投产，揭开了汽车大生产时代的序幕。（　　）

4．汽车大生产标志着现代汽车工业的完全形成，从此汽车工业进入了一个高速发展时期。（　　）

5．汽车产业的全球化意味着国家利益的消除。（　　）

6．20 世纪初，随着发动机技术的进步、启动机的发明以及生产技术的提高，燃油汽车在这一阶段形成了绝对优势。（　　）

7．当前，绿色出行已经成为人们的共识，全球新能源汽车的发展势头迅猛。电动汽车占据新能源汽车市场的最大份额，其次是氢燃料电池汽车。（　　）

8．1901 年，匈牙利人李恩斯将两辆美国生产的奥兹莫比尔汽车运到上海，自此，汽车开始进入中国。（　　）

9．“二汽”的建成，开创了中国汽车工业以自己力量设计产品、确定工艺、制造设备、兴建工厂的纪录。（　　）

10．比亚迪收购沃尔沃汽车，是中国汽车行业最大的一次海外并购。（　　）

11．长城汽车股份有限公司推出的赛弗 SUV，首开中国经济型 SUV 先河。（　　）

12．中国已成为全球最大的新能源汽车市场和全球最大的动力电池生产国，同时也是全球最大的电动汽车电池回收市场。（　　）

四、综合题

1．简答题

（1）简述世界汽车工业的发展历程。

（2）简述新能源汽车的发展历程。

（3）新中国汽车工业的发展历程是如何划分的？各阶段有哪些特征？

2. 实践题

查阅资料，列举几家中国自主汽车品牌公司，简述其发展历程。

第二章　汽车外形与色彩

第一节　汽车外形设计

一、填空题（将正确答案填在横线上）

1. 影响汽车外形设计的主要因素有三个，即＿＿＿＿＿、＿＿＿＿＿和＿＿＿＿＿。

2. 汽车空气阻力可以分为＿＿＿＿、诱导阻力、＿＿＿＿、内循环阻力和摩擦阻力。

3. 在汽车发展初期，汽车车身主要是根据＿＿＿＿造型进行设计的，所以当时的汽车又被称为“无马的马车”。

4. 美国福特汽车公司于1915年推出的T型汽车因车身很像一只装有门窗的大箱子，而被称为＿＿＿＿＿。

5. 流线型汽车的大量生产是从德国大众的＿＿＿＿＿汽车开始的。

6. 自20世纪50年代起，＿＿＿＿＿汽车造型在世界开始普及，我国自行研制的红旗牌高级轿车就是采用此造型进行设计的。

7. 为了克服船型汽车因阶梯状造型设计而产生的涡流问题，将汽车后挡风玻璃设计成斜背式，形成了＿＿＿＿＿汽车，美国1952年生产的“别克”汽车就是采用此造型。

8. 采用＿＿＿＿造型设计的汽车，在高速行驶时能够形成风压，从而克服汽车产生的升力，是理想的高速造型，成为轿车的首选设计，并在跑车和赛车上广泛应用。

9. 采用＿＿＿＿造型设计的汽车将流线型和楔型汽车的优点集于一身。

10. 为了获得更好的气动性，现代汽车设计一般都要在＿＿＿＿中进行大量实验，这也成为汽车外形设计的重要一环。

二、选择题（将正确答案的序号填在括号内）

1. 汽车的首要目标是行驶和耐用。以此为前提，汽车外形设计必须考虑（　　）要素。

A．人机工程学　　B．机械工程学　　C．空气动力学

2. 汽车是由人驾驶的，必须确保驾乘安全和舒适性，因此汽车外形设计要考虑（　　）要素。

A．人机工程学　　B．机械工程学　　C．空气动力学

3．汽车高速行驶时，对汽车影响最大的就是空气阻力，其中，（　　）是空气阻力的主要组成部分，占空气阻力的 55% ~ 65%。

A．压力阻力　　B．诱导阻力　　C．干扰阻力　　D．摩擦阻力

4．形状阻力指的是（　）。

A．内循环阻力　　B．诱导阻力　　C．干扰阻力　　D．压力阻力

5．汽车车身在发展过程中经历了各种车型的演变，以下演变顺序正确的是（　　）。

A．箱型 – 马车型 – 流线型　　B．箱型 – 流线型 – 船型

C．楔型 – 船型 – 鱼型

6．戴姆勒发明的世界第一辆四轮汽车属于（　　）造型的汽车。

A．马车型　　B．箱型　　C．流线型　　D．船型

7．首次采用流线型车身的是（　　）汽车。

A．福特 T 型　　B．克来斯勒“气流”

C．大众“甲壳虫”

8．首创“船型汽车”的是（　）汽车。

A．福特 T 型　　B．福特 V8　　C．大众“甲壳虫”

9．目前，世界各大汽车生产国生产的汽车都带有（　　）效果，譬如人们所熟识的兰博基尼。

A．楔型　　B．鱼型　　C．流线型　　D．船型

10．汽车造型特点是没有过多特别复杂的线条，风格较为方正，强调舒适性、动力性和兼顾安全性的国家是（　　）。

A．英国　　B．法国　　C．美国　　D．意大利

11．常常通过鲜艳的色彩、动感立体的线条和丰富的个性化设计元素来强调车辆的个性，将自由主义和浪漫主义文化体现在他们的汽车造型设计上的国家是（　　）。

A．英国　　B．法国　　C．美国　　D．意大利

12．汽车造型以经典风格为主，保留着早期流线型时代的一些典型特征，车身线条多以优雅的曲线为主的国家是（　　）。

A．英国　　B．法国　　C．美国　　D．意大利

三、判断题（正确的打“√”，错误的打“×”）

1．现代汽车的外形设计不仅是对汽车外观的装饰和加工，更是集科技与艺术之大成的人类智慧结晶。（　　）

2．空气动力学和人机工程学，在汽车设计初期对决定汽车构造的基本骨架有重要意义。（　　）

3．摩擦阻力是指空气流经车体内部（冷却发动机、车内通风等）时形成的阻力，占空气阻力的 5% ～ 12%。（　　）

4．要想将所有影响汽车外形设计的因素，全部完美体现在同一款汽车上是非常困难的。（　　）

5．为了解决鱼型汽车横向稳定性差的问题，设计师们想了不少办法，给汽车加装尾翼，于是便有了“鱼型鸭尾汽车”。（　　）

6．美国的汽车造型设计没有一种很“定视化”的概念，从来不拘泥于条框，在日益千人一面的设计界独树一帜，造就了无数经典。（　　）

7．日本的汽车造型设计一直以简洁大方为主导，相较于其他国家的汽车，日本汽车更注重细节设计。（　　）

8．最早采用楔形造型设计的汽车是 1963 年美国司蒂贝克汽车公司生产的斯蒂庞克·阿本提。（　　）

9．1965 年福特生产的“野马”汽车和克莱斯勒“顺风”汽车都是楔型汽车的代表。（　　）

10．中国的汽车造型设计，经历了借鉴→融合→发展创新的演进过程，越来越多的中国元素注入了汽车造型设计当中，不仅体现了中国文化的精髓，更把现代科技与艺术元素相融合。（　　）

11．流线型造型成为轿车的首选设计，并在后来的跑车和赛车上广泛应用。（　　）

12．汽车的魅力不仅体现在它是快捷的交通工具，还体现在其精妙的人文设计理念上。（　　）

四、综合题

1．简答题

（1）影响汽车外形设计的因素有哪些？进行汽车外形设计时应该首先考虑什么因素？

（2）简述汽车外形的演变过程。

（3）世界各国汽车造型有哪些特点？

2．实践题

查阅资料，写出几种你喜欢的古董汽车，并分析其外形特点。

第二节 汽 车 色 彩

一、填空题（将正确答案填在横线上）

1．颜色被辨别的程度叫做色彩的__________。越显眼的颜色，越能引起别人的注意。

2．根据视觉距离的不同，颜色可分为__________和后退色。

3．研究表明，________色汽车最容易发生撞车交通事故，而______色汽车最安全。

4．一个特定时期内，大多数人都喜欢或采纳的几种或几组时髦色彩叫做__________。

5．汽车的行车安全不仅受车况、驾驶操作等因素的影响，还受到车身颜色__________的影响。

6．汽车在使用过程中形成了一些惯用色彩。例如，消防车采用__________；救护车采用__________；邮政车采用__________。

7．影响色彩视认性的主要因素有__________、__________、__________三点。

8．前进色、__________、明色等视认性好的颜色，能让观察者感觉车辆更近、更大、更醒目，从而更早察觉危险，及时采取避让措施。

二、选择题（将正确答案的序号填在括号内）

1．给人保守、自尊、庄重、严肃的感觉，不太耐脏，多用于公务车辆的汽车颜色是（　　）。

A．黑色　　B．白色　　C．银灰色

2．以下哪种颜色视认性最好（　　）。

A．蓝色　　　　　　B．绿色　　　　　C．红色

3．在同等距离前提下，以下哪种颜色会让观察者觉得汽车更远一些（　　）。

A．红色　　　　　　B．黄色　　　　　C．蓝色

4．同款汽车涂抹上不同的颜色，会让人产生体积大小不一的感觉。以下哪种颜色涂在汽车上会让人感觉汽车更大一些（　　）。

A．蓝色　　　　　　B．黄色　　　　　C．绿色

5．明色会让人感觉汽车大一些、近一些、醒目一些，以下颜色属于明色的是（　　）。

A．红色　　　　　　B．蓝色　　　　　C．绿色

6．在伊朗、科威特、沙特阿拉伯、伊拉克等中东地区国家（　　）的汽车不好销售。

A．红色　　　　　　B．黄色　　　　　C．绿色

7．对于汽车内饰色彩的选配，特别是行车过程中主要进入驾车人视野范围内的地方，不宜选择的颜色是（　　）。

A．红色　　　　　　B．乳白色　　　　C．米黄色

8．以下哪类颜色会让人觉得车辆更远、更小、更模糊，所以经常避让不及而导致交通事故发生（　　）。

A．前进色、收缩色、暗色　　　　　B．前进色、立体色、明色

C．后退色、收缩色、暗色

三、判断题（正确的打“√”，错误的打“×”）

1．未来汽车的色彩搭配将与自然更加和谐，更具人文关怀和文化底蕴。　（　　）

2．北方地区气候寒冷，人们习惯选择冷基调的颜色，如红色、黄色等。　（　　）

3．世界各国、各地区、各民族的人们，由于政治、经济、文化、教育以及生活习惯的不同，对色彩的观念也有很大区别。　（　　）

4．购买大型汽车最好选择亮度和纯度相对较高的颜色，这样会有压缩效果，使汽车看起来更为结实、紧凑。　（　　）

5．正确选择车身颜色对于减少和避免交通事故的发生具有重要作用。　（　　）

6．一些视认性不好的颜色，如果合理搭配，也可提高视认性。　（　　）

7．在汽车色彩设计时，应重点从汽车的使用功能、使用环境、使用对象、使用安全以及流行色等方面考虑，同时做好内饰色彩的选配。　（　　）

8．色彩视认性从好到差的排列是黑色、白色、银色、黄色、红色、蓝色。（　　）

9．汽车流行色的变化是缓慢的，一段时期内可能只是呈一种增长或衰减的趋势，而且每一种颜色的延续性很强。　（　　）

10．对于汽车内饰色彩的选配，不宜五花八门，特别是行车过程中主要进入驾车人

视野范围内的地方，最好以柔和的乳白、米黄或浅蓝色为主基调。（　　）

11．汽车色彩不需要与环境色彩相协调。（　　）

12．在对汽车颜色进行选择的过程中，人的年龄、性别、性格以及受教育程度和社会地位等也会形成影响。（　　）

四、综合题

1．简答题

（1）什么是色彩的视认性？影响色彩视认性的主要因素有哪些？

（2）影响汽车色彩设计的因素有哪些？

（3）未来汽车色彩的发展趋势有哪些？

2. 实践题

写出你喜欢的汽车颜色，并运用所学知识分析该颜色有何特点？

第三节 汽车改装

一、填空题（将正确答案填在横线上）

1. 从广义上讲，汽车改装就是对汽车________进行的改动，哪怕只是更换汽车的一个非原厂零部件都可称之为汽车改装。

2. 根据车主喜好的不同，汽车改装可以分为________、________以及汽车安全和舒适性改装等。

3. ________改装相较于其他的汽车改装实施难度最大。

4. 汽车安全和舒适性改装主要是针对汽车的________进行改装。

5. ________改装能够极大提升汽车的动力性和操控性，从而使驾驶者有更好的速度体验和驾驶快感。

二、选择题（将正确答案的序号填在括号内）

1．改装项目包括汽车引擎改装、点火系统改装、进气系统改装、排气系统改装、制动系统改装和底盘悬挂改装的是（　　）改装。

A．汽车性能　　B．汽车外观　　C．汽车安全和舒适性

2．可做项目有车身贴膜，改变车身颜色，加装汽车尾翼，更换大包围、反光镜、前照灯、轮胎、轮毂、防晒膜、高位制动灯以及保险杠等的是（　　）改装。

A．汽车性能　　B．汽车外观　　C．汽车安全和舒适性

3．李先生给爱车加装了雷达影像和偏航提醒，李先生所做的汽车改装项目属于（　　）改装。

A．汽车性能　　B．汽车外观　　C．汽车安全和舒适性

4．王女士是动漫爱好者，她将爱车送到汽车服务中心进行了车身彩绘，王女士所做的汽车改装项目属于（　　）改装。

A．汽车性能　　B．汽车外观　　C．汽车安全和舒适性

5．以下不是造成汽车性能改装实施难度大的原因有（　　）。

A．涉及高昂的费用

B．要求改装人员要有过硬的专业技术

C．自由度大

三、判断题（正确的打“√”，错误的打“×”）

1．传统的汽车改装，即生产专用汽车，也就是用国家鉴定合格的发动机、底盘或总成，重新设计、生产与原车型不同的具有专门用途的汽车。（　　）

2．从狭义上讲，汽车改装是为了达到某些使用目的，在原厂汽车基础上所做的技术改造，即对汽车的原厂设计进行外部造型、内部造型以及机械性能改动等，以满足车主对汽车功能和美学的个性化需求。（　　）

3．汽车改装让越来越多的人能够最大限度地展示个性，在改装中展现自己的奇思妙想，在运动中寻求更大的刺激，或许这就是汽车改装最大的魅力。（　　）

4．汽车安全和舒适性改装相较于其他的汽车改装实施难度最大。（　　）

5．车身贴膜、改变车身颜色等属于汽车性能改装。（　　）

6．汽车改装应选择正规的改装店或4S店，避免因不当操作而引发安全隐患。（　　）

7．汽车改装是自己的喜好，不需要合规合法。（　　）

8．汽车外观改装可提升汽车的个性和品位，增强视觉美感，使汽车更具运动气息。（　　）

四、简答题

1. 什么是汽车改装？汽车改装有何魅力？

2. 简述汽车改装的内容和包含的项目。

第三章　世界知名汽车公司及其汽车品牌和标志

第一节　欧洲知名汽车公司及其汽车品牌和标志

一、填空题（将正确答案填在横线上）

1．采用四个连接的圆环作为汽车标志的是__________汽车。

2．________的汽车标志是以公司名称的第一个字母“B”为主体，生出一对翅膀，似凌空翱翔的雄鹰。

3．________的汽车标志是著名的“吃人龙形蛇”。

4．用齿轮形状设计了著名的双“人”字造型汽车标志的是__________。

5．汽车标志是一头浑身充满力量、正向对方发起进攻的斗牛的是________________汽车。

6．写出下列汽车标志对应汽车品牌的名称。

（1）______________　　（2）______________

（3）______________　　（4）______________

（5）______________　　（6）______________

（7）______________　　（8）______________

（9）______________　　（10）______________

二、选择题（将正确答案的序号填在括号内）

1．以下汽车标志中，不属于欧洲汽车品牌的是（　　）。

A. Mercedes-Benz　　B. BMW　　C. PEUGEOT　　D. LEXUS

2．目前，德国最大的汽车公司是（　　）。

A．大众　　B．奥迪　　C．宝马　　D．奔驰

3．以下汽车标志中，（　　）是雷诺的汽车标志。

A. CITROËN　　B.　　C. FIAT

4．以下汽车标志中，（　　）是保时捷的汽车标志。

A. PORSCHE　　B.　　C. LAMBORGHINI

5．以下汽车标志中，属于德国汽车品牌的是（　　）。

A. VOLVO　　B.　　C. smart

6．以下汽车标志中，属于意大利汽车品牌的是（　　）。

A.　　B. ROLLS ROYCE　　C. PORSCHE

7．1937 年 5 月 28 日，大众汽车公司在柏林成立，其创始人为（　　）。

A．费迪南德·波尔舍　　B．奥古斯特·霍希

C．阿德姆·奥贝尔

8．（　　）是意大利规模最大的汽车公司，其创建于意大利都灵市，创始人是乔瓦尼·阿涅利。

A．菲亚特　　B．法拉利　　C．阿尔法·罗密欧

9．具有巧夺天工的造车工艺和完美无瑕的质量品质，有“皇家运动员”美称的汽车品牌是（　　）。

A．劳斯莱斯　　B．宾利　　C．法拉利

10．以四驱车闻名，不仅在四驱车领域拥有先进的核心技术，而且是举世公认的权威四驱车革新者的汽车品牌是（　　）。

A. 捷豹　　　　　　　B. 兰博基尼　　　C. 路虎

三、判断题（正确的打“√”，错误的打“×”）

1. 劳斯莱斯车标中的“RR”是创始人罗尔斯和罗易斯二人姓氏的第一个字母，代表公司创始人。（　　）

2. 奥迪主要生产 A 系列、S 系列和 Q 系列汽车。（　　）

3. 2010 年，中国吉利控股集团从福特手中购得沃尔沃轿车业务，并获得沃尔沃轿车品牌的所有权。（　　）

4. 捷豹汽车公司以四驱车而闻名于世，在四驱车领域中，不仅拥有先进的核心技术，而且是举世公认的权威四驱车革新者。（　　）

5. 在安全方面，沃尔沃发明的安全底盘、三点式紧缩安全带和侧撞防护等，已经成为现今汽车产品的标准配置，沃尔沃也因此成为消费者心目中最安全的汽车。（　　）

6. 雷诺汽车公司旗下的汽车品牌主要有雷诺、日产、英菲尼迪、三星、达契亚、阿尔洛等。（　　）

7. 欧宝的汽车标志采用“闪电”图案，其寓意是汽车风驰电掣。（　　）

8. 宝马公司在 13 个国家设有子公司和生产制造厂，共拥有宝马（BMW）、迷你（MINI）和劳斯莱斯（Rolls-Royce）三个汽车品牌。（　　）

9. 兰博基尼汽车公司是意大利超级跑车和赛车制造公司，创建于 1929 年，创始人是世界赛车冠军、划时代的汽车设计大师恩佐·法拉利。（　　）

10. 宾利汽车还有一个著名的“飞天女神”标志。（　　）

四、综合题

1. 简答题

（1）对比德国各知名汽车品牌的特点和风格，简单描述其汽车标志的含义。

（2）对比法国各知名汽车品牌的特点和风格，简单描述其汽车标志的含义。

2. 实践题

你最喜欢的欧洲汽车品牌是什么？举例说出其代表车型。

第三节　美国知名汽车公司及其汽车品牌和标志

一、填空题（将正确答案填在横线上）

1. 采用大写字母“GM”作为标志的汽车公司是________。

2. __________的汽车标志为形似“三颗子弹”的图案，从左到右分别为红、白、蓝，并依次排列在不同高度位置上，给人一种积极进取、不断攀登的感觉。

3. ________的汽车标志是抽象化的蝴蝶领结。

4. 在一个五边形中嵌入羊头，象征着其汽车的强壮有力、朴实无华和美观大方的汽车品牌是________。

5. ____________的汽车标志色彩明快，轮廓鲜明，整体以铂金为底，最外面的花冠保留了原有色彩组合，金黄与纯黑相映象征智慧与财富，盾牌象征着车队英勇善战。

6. 写出下列汽车标志对应汽车品牌的名称。

（1）Jeep ______________　（2）______________

（3）______________　（4）______________

（5）GM ______________　（6）Ford ______________

（7）______________　（8）GMC ______________

二、选择题（将正确答案的序号填在括号内）

1. 以下汽车标志中，不属于美国汽车品牌的是（　　）。

A. DODGE　　B. Ford　　C. LAMBORGHINI　　D.

2. 下列不属于美国汽车公司的是（　　）。

A. 通用　　B. 福特　　C. 克莱斯勒　　D. 大众

3. 以下汽车标志中，（　　）是凯迪拉克的汽车标志。

A. ACURA　　B.　　C. FIAT

4. 以下汽车标志中，（　　）是特斯拉的汽车标志。

A. PORSCHE　　B.　　C.

5. 以下汽车标志中，属于美国汽车品牌的是（　　）。

A.　　B.　　C. Ford

6. 美国通用汽车公司的创始人是（　　）。

A. 戴维·别克　　B. 威廉姆·C·杜兰特

C. 亨利·奥贝尔

7. 福特汽车公司创建于美国的（　　）。

A. 洛杉矶　　B. 迈阿密　　C. 底特律

8. 美国白宫将（　　）汽车作为总统的专用座驾。

A. 劳斯莱斯　　B. 林肯　　C. 凯迪拉克

9. 福特汽车公司唯一的自创品牌是（　　）。

A. 福特　　B. 水星　　C. 别克

10. 世界上第一辆属于普通百姓的T型汽车是（　　）生产的。

A. 日本　　B. 美国　　C. 德国

三、判断题（正确的打“√”，错误的打“×”）

1. 福特汽车标志被设计成像一只活泼可爱、充满活力的小白兔，象征福特汽车在世界各地奔驰、令人爱不释手。（　　）

2. Jeep是通用公司旗下的一款汽车。（　　）

3．特斯拉汽车公司是英国的一家电动汽车及能源公司。（　　）

4．雪佛兰第一辆汽车生产于 1912 年。（　　）

5．凯迪拉克汽车公司的前身为底特律汽车公司。（　　）

6．凯迪拉克的汽车标志整体以铂金为底，花冠保留了原有色彩组合，金黄与纯黑相映象征智慧与财富，盾牌象征凯迪拉克军队英勇善战，整个标志彰显了凯迪拉克汽车的高贵、豪华、气派与潇洒。（　　）

7．GMC 的汽车标志由一组特别设计的“GMC”英文字母组成，这组字母采用时尚的红色字体书写。（　　）

8．世界上第一辆属于普通百姓的 T 型汽车是通用公司生产的。（　　）

9．林肯汽车是以美国第 16 任总统林肯的名字命名的。（　　）

10．克莱斯勒汽车公司旗下主要汽车品牌有克莱斯勒、道奇、Jeep 等。（　　）

四、综合题

1．简答题

（1）对比通用旗下各汽车品牌的特点和风格，简单描述其汽车标志的含义。

（2）对比福特旗下各汽车品牌的特点和风格，简单描述其汽车标志的含义。

2．实践题

你最喜欢的美国汽车品牌是什么？举例说出其代表车型。

第三节　亚洲知名汽车公司及其汽车品牌和标志

一、填空题（将正确答案填在横线上）

1．汽车标志由三个椭圆相交组合而成的汽车品牌是__________。

2．________的汽车标志采用的是在一个椭圆内镶嵌英文“LEXUS”的第一个字母“L”。

3．________的汽车标志采用的是英文“HONDA”的第一个字母“H”。

4．汽车标志是英文“Acura”第一个字母“A”的变形的汽车品牌是________。

5．__________的汽车标志寓意为“以人和汽车的明天为目标”。

6．写出下列汽车标志对应汽车品牌的名称。

（1）______________　　（2）______________

（3）______________　　（4）______________

（5）______________　　（6）______________

（7）______________　　（8）______________

二、选择题（将正确答案的序号填在括号内）

1．以下汽车标志中，不属于中国汽车品牌的是（　　）。

A．　　B．　　C．LYNK&CO　　D．

2．下列不属于亚洲汽车公司的是（　　）。

A．本田　　B．福特　　C．丰田　　D．长城

3．以下汽车标志中，不属于奇瑞旗下汽车品牌的是（　　）。

A．　　B．　　C．

4．以下汽车标志中，（　　）是蔚来的汽车标志。

A．　　B．　　C．

5．以下汽车标志中，不属于长城旗下汽车品牌的是（　　）。

A．HAVAL　　B．　　C．ORA

6．丰田汽车公司创立于（　　）年。

A．1932　　B．1933　　C．1934

7．以下属于“一汽”自主汽车品牌的是（　　）。

A．红旗　　B．长城　　C．马自达

8．以下汽车品牌中，不属于“上汽集团”的是（　　）。

A．荣威　　B．五菱　　C．长安

9．比亚迪“王朝系列”汽车品牌中，不包括（　　）。

A．秦　　B．清　　C．元

10．中国最早突破百万销量的自主汽车品牌是（　　）。

A．长城　　B．奇瑞　　C．长安

三、判断题（正确的打“√”，错误的打“×”）

1．奇瑞的汽车标志为英文字母“CAC”的艺术变形，整个标志寓意奇瑞发展无穷，潜力无限，追求无限。（　　）

2．吉利的汽车标志为六块宝石的造型设计，其以延展的宇宙为设计源点，展示了吉利汽车从蓝天大地，升级为对广袤宇宙的追求。（　　）

3．新能源汽车埃安是长安集团旗下自主汽车品牌。（　　）

4．自主汽车品牌传祺的品牌理念是为亲人造好车，让世界充满爱。（　　）

5．比亚迪推出的第一款纯电动汽车是 e6。（　　）

6．东风汽车公司前身是始建于 1969 年的中国第二汽车制造厂。（　　）

7．新中国第一辆载货型汽车 CA10 是东风品牌。（　　）

8．韩国最早生产汽车的企业是现代。（　　）

9．现代的汽车标志为由椭圆包裹着的斜体字母“H”，该标志的椭圆既代表汽车的转向盘，又代表地球，椭圆内的“H”则是现代（Hyundai）英文单词的首字母，两者结合寓意现代汽车遍布世界。（　　）

10．蔚来、理想、小鹏是我国新能源汽车品牌。（　　）

四、综合题

1．简答题

（1）对比中国各知名汽车品牌的特点和风格，简单描述其汽车标志的含义。

（2）对比日本各知名汽车品牌的特点和风格，简单描述其汽车标志的含义。

（3）对比韩国各知名汽车品牌的特点和风格，简单描述其汽车标志的含义。

2．实践题

你最喜欢的中国新能源汽车品牌是什么？举例说出其代表车型。

第四章　汽 车 名 人

第一节　欧洲汽车奇才

一、填空题（将正确答案填在横线上）

1.“奔驰 1 号”汽车的创始人是__________。

2. __________年，“梅赛德斯”被注册为商标，梅赛德斯新纪元从此开始。

3. ____________是世界上第一位汽车试驾员。

4. ____________对奥托四冲程发动机进行改进，于 1883 年推出了首部卧式发动机。

5. ____________偶然看到一种“人”字形条纹的齿轮切割工艺，由此发明了“人”字形齿轮传动系统并获得专利。

6. ____________是雪铁龙汽车公司创建后制造的第一款汽车，也是欧洲第一辆采用流水线方式生产的汽车。

7. ___________是世界上第一辆内燃机公共汽车。

8. 雪铁龙___________汽车打破了过去使用木材和钢板混合制造汽车车身的方法，改用冷冲压和焊接技术，不仅使汽车抵御碰撞的能力增强，而且还提高了车辆耐用性。

9. 世界汽车诞生日是____________。

二、选择题（将正确答案的序号填在括号内）

1.（　　）不是奔驰的创始人。

A. 卡尔・本茨　　　　B. 戈特利布・戴姆勒

C. 威廉・杜兰特　　　D. 安德烈・雪铁龙

2. 卡尔・本茨在（　　）机器制造厂从事车辆设计工作。

A. 曼海姆　　　　B. 斯图加特

C. 法国高等工业技术学院　　　D. 弗林特

3.（　　）被称为“热衷于挑战极限的发明家”。

A. 卡尔・本茨　　　　B. 亨利・福特

C. 戈特利布・戴姆勒　　　D. 安德烈・雪铁龙

4.（　　）年，戴姆勒公司和奔驰公司合并成立戴姆勒 – 奔驰公司，他们生产的所有汽车都被命名为“梅赛德斯 – 奔驰”。

A．1924　　B．1925　　C．1926　　D．1927

5．首部卧式发动机发明于（　　）年。

A．1880　　B．1881　　C．1882　　D．1883

6．世界上第一辆摩托车的发动机“立钟”，是由（　　）研发的。

A．卡尔·本茨　　B．亨利·福特

C．戈特利布·戴姆勒　　D．艾尔弗雷德·斯隆

7．早期英国皇室的专用车辆是（　　）汽车。

A．宝马　　B．奔驰

C．戴姆勒　　D．雪铁龙

8．欧洲第一辆采用流水线方式生产的汽车是（　　）。

A．奔驰　　B．福特

C．宝马　　D．雪铁龙

9．1934年12月，由于财务困难，雪铁龙公司倒闭，（　　）公司接管了雪铁龙公司。

A．宝马　　B．奔驰

C．米其林　　D．奥迪

10．世界上第一辆卡车是由本茨在（　　）年设计的。

A．1884　　B．1885

C．1895　　D．1894

三、判断题（正确的打“√”，错误的打“×”）

1．世界第一台单缸煤气发动机制造于1879年12月31日。（　　）

2．世界汽车诞生年是1885年。（　　）

3．“奔驰1号”是一辆三轮车。（　　）

4．世界上第一位汽车试驾员是女士。（　　）

5．世界上第一辆内燃机公共汽车是宝马公司生产的。（　　）

6．1886年，卧式发动机首次被安装在四轮马车上。（　　）

7．埃米尔·杰利内克曾在1899年驾驶戴姆勒制造的“凤凰”轿车在法国尼斯汽车大赛上取得冠军，他给赛车起名叫“梅赛德斯”（Mercedes），这是他小女儿的名字。（　　）

8．1913年，雪铁龙将自己的公司定名为雪铁龙齿轮工厂，专门从事齿轮传动机生产，同时开始生产汽车。（　　）

9．B型汽车是雪铁龙汽车公司创建后制造的第一款汽车，也是欧洲第一辆采用流水线方式生产的汽车。（　　）

10．雪铁龙是英国汽车品牌。（　　）

四、综合题

1．简答题

（1）简述“奔驰 1 号”汽车的结构特点。

（2）简述“梅赛德斯－奔驰”汽车品牌的由来。

2．实践题

你还知道哪些欧洲汽车名人？简述其主要事迹。

第二节 美国汽车精英

一、填空题（将正确答案填在横线上）

1. 通用汽车公司的创始人是______________。

2. 第一辆雪佛兰 Chevrolet 汽车于 1912 年在美国城市____________上市。

3. 亨利·福特的梦想之车是____________汽车。

4. 被美国人称为“汽车大王”的传奇人物是______________。

5. ______________是美国第三大汽车公司。

6. 克莱斯勒汽车公司的创始人是________________，素有“公司医生”之称。

7. ______________是世界上第一位将装配线概念实际应用于生产并获得巨大成功的人，他以这种方式让汽车在美国普及化。

8. 美国三大汽车公司分别是______________、______________和______________。

9. 美国通用汽车公司的第八任总裁，事业部制组织结构创始人是______________。

二、选择题（将正确答案的序号填在括号内）

1. 威廉·杜兰特成为别克汽车公司董事长是在（　　）年。

A. 1903　　B. 1904　　C. 1905　　D. 1906

2. 通用汽车公司成立于（　　）年。

A. 1808　　B. 1809　　C. 1909　　D. 1908

3.（　　）年，杜兰特东山再起，再次出任通用汽车公司总裁。

A. 1915　　B. 1916　　C. 1905　　D. 1906

4.（　　）年，福特将他研制的第一部汽车开上了底特律大街，并将这部汽车命名为“四轮车”。

A. 1896　　B. 1897　　C. 1876　　D. 1877

5.（　　）汽车在 1908—1927 年间共生产了 1 500 多万辆，最终售价仅 290 美元，福特称之为“万能车”。

A. A 型　　B. S 型　　C. T 型　　D. B 型

6. 福特创造了前所未有的流水线生产模式，现代批量生产由此诞生，每个工作日 T 型汽车的下线速度达到了（　　）秒一辆。

A. 5　　B. 10　　C. 20　　D. 50

7.（　　）被誉为“汽车界的哥白尼”，在他葬礼的那一天，美国所有汽车生产线停工 1 分钟。

A. 卡尔·本茨　　B. 亨利·福特

C．威廉·杜兰特　　D．艾尔弗雷德·斯隆

8.（　　）在 1920 年接受了重振威利斯 – 欧弗兰特公司的重任，同时，还接受了处于困境的麦克斯韦摩托集团的邀请，很快两家公司的运营得到改善。

A．克莱斯勒　　B．亨利·福特

C．威廉·杜兰特　　D．查尔斯·纳什

9.（　　）年，克莱斯勒汽车公司成立。

A．1915　　B．1925　　C．1935　　D．1945

10．1934 年，克莱斯勒开发的超级轿车（　　），以泪滴形车身设计降低了风阻，提高了燃油经济性和操作性，同时还为乘客的安全提供了保证。

A．艾弗罗　　B．普利茅斯

C．雪佛兰 Fours　　D．别克

三、判断题（正确的打“√”，错误的打“×”）

1．威廉·杜兰特曾两次出任通用公司总裁。（　　）

2．威廉·杜兰特创建了美国别克汽车公司。（　　）

3．艾尔弗雷德·斯隆是第一位成功的职业经理人，20 世纪最伟大的 CEO，通用汽车公司的第九任总裁，事业部制组织结构的首创人。（　　）

4．福特汽车公司成立于美国洛杉矶。（　　）

5．亨利·福特的梦想之车是 T 型汽车，又称为“万能车”。（　　）

6．福特是世界上第一位将装配线概念实际应用于生产并获得巨大成功的人，而且以这种方式让汽车在美国普及化。（　　）

7．1925 年，福特公司开创了水星（Mercury）品牌，填补福特产品和高档林肯产品之间的市场空缺。（　　）

8．“当他未到人世时，这个世界还是马车的时代。当他离开人间时，这个世界已成为汽车的世界。”这是《纽约时报》评价沃特·克莱斯勒的话语。（　　）

9．1928 年，克莱斯勒公司收购道奇兄弟公司，成为美国第三大汽车公司。（　　）

10．1934 年，普利茅斯轿车累计生产了 100 万辆。（　　）

四、综合题

1．简答题

（1）简述威廉·杜兰特与雪佛兰品牌的关系。

（2）简述 T 型汽车前期成功与后期失败的原因。

2. 实践题

你还知道哪些美国汽车名人？简述其主要事迹。

第三节　亚洲汽车名人

一、填空题（将正确答案填在横线上）

1.“靠人和技术的力量开拓明天的世界”是＿＿＿＿＿＿汽车公司的口号。

2.＿＿＿＿＿年，丰田汽车公司取代通用汽车公司，成为世界第一大汽车生产厂商。

3. 丰田汽车公司的创始人是＿＿＿＿＿＿＿。

4. 本田汽车公司的创始人是＿＿＿＿＿＿＿。

5.＿＿＿＿＿＿＿被誉为“中国汽车之父”。

6.＿＿＿＿＿＿＿＿是全国重点大学之一，被誉为“中国汽车农机工业人才的摇篮”。

7.“一汽”生产出我国第一批解放牌载重汽车的日期是＿＿＿＿＿＿＿＿，结束了我国不能制造汽车的历史。

8. 1969 年 9 月 23 日，第一辆东风 EQ140 载重汽车在____________试制成功。

9. 1950 年 12 月，中国第一汽车制造厂在____________兴建。

二、选择题（将正确答案的序号填在括号内）

1.（　　）年，丰田喜一郎成立了丰田汽车工业株式会社。

A. 1935　　B. 1936　　C. 1937　　D. 1938

2. 1949 年 8 月，本田宗一郎成功开发出具有划时代意义的（　　）型发动机。

A. A　　B. B　　C. C　　D. D

3.（　　）年，本田技研工业公司成为世界一流的摩托车生产企业。

A. 1960　　B. 1961　　C. 1962　　D. 1963

4.（　　）是中国汽车农机工业人才的摇篮。

A. 吉林工业大学　　B. 哈尔滨工业大学

C. 长春大学　　D. 武汉大学

5. 1964 年，饶斌参加了第二汽车制造厂的选址和筹建工作，提出用（　　）的办法建设“二汽”。

A. 分散　　B. 聚宝　　C. 合并　　D. 聚集

6.（　　）十分重视人才，提出了“丰田生产方式”。

A. 丰田喜一郎　　B. 本田宗一郎

C. 丰田次一郎　　D. 稻盛和夫

7. 第一位进入美国汽车名人堂的日本企业家是（　　）。

A. 丰田喜一郎　　B. 本田宗一郎

C. 稻盛和夫　　D. 丰田次一郎

8. 1956 年 7 月 15 日，（　　）生产出了我国第一批解放牌载重汽车，结束了我国不能制造汽车的历史。

A. 上海汽车厂　　B. “二汽”　　C. “一汽”　　D. 吉利

三、判断题（正确的打“√”，错误的打“×”）

1. 1951 年 5 月，丰田公司制定了“动脑筋，提方案”制度，员工可以就任何问题提出各种建议，因为生产一线的员工才最了解生产情况，更有利于改进工作。（　　）

2. 日本的“国产车之父”是本田宗一郎。（　　）

3. 20 世纪 80 年代中期，本田公司成为日本第三大汽车制造商，80 年代末，成为世界第三大汽车制造商。（　　）

4. 1956 年 7 月 15 日，“一汽”生产出了我国第一批解放牌载重汽车，结束了我国不能制造汽车的历史。（　　）

5. 在饶斌的主持下，我国先后创建了北京吉普汽车厂等一批中外合资企业，引进

奥地利的斯太尔重型汽车技术，加速了产品换型，结束了我国汽车产品单一的历史，为中国汽车工业的转型打下了扎实基础。（　　）

6．1955 年 9 月，长春汽车拖拉机学院建成，饶斌被任命为第一任院长。学院后来发展为吉林大学。（　　）

7．1969 年，第一辆三吨半军用越野车也在“一汽”试制成功。（　　）

8．改革开放之初，饶斌在我国引进汽车合资项目过程中也做出过巨大贡献。（　　）

四、综合题

1．简答题

（1）简述饶斌对我国汽车工业发展的影响。

（2）简述丰田汽车的生产方式。

2. 实践题

除饶斌外，你还知道哪些对中国汽车工业做出过巨大贡献的人物，说一说他们的事迹。

第五章　汽车与社会

第一节　汽 车 经 济

一、填空题（将正确答案填在横线上）

1. 汽车与社会的关系非常复杂，主要包括__________、提高生活质量、__________、引起生产管理变革、__________等，历经百年的汽车已经深入人类社会的方方面面。

2. ________作为现代社会不可或缺的交通工具，已成为人们生活中不可或缺的一部分，扮演着重要角色。

3. ________是许多国家的支柱性产业之一，直接或间接地创造了大量就业机会。

4. 汽车产业也在不断进行技术创新，推动__________、智能汽车等新型汽车的发展，以应对环境和资源压力。

5. 汽车产业是一个涉及____________的综合性产业，包括汽车制造、零部件供应、销售服务、维修保养、金融保险、研发创新等。

6. 数据统计表明，汽车工业每提供1个就业岗位，上下游产业的就业人数就增加____个。

二、选择题（将正确答案的序号填在括号内）

1. 汽车产业带动了相关产业链的发展，如钢铁、橡胶、（　　）等行业都因汽车产业的繁荣而蓬勃发展。

A. 金融　　　　B. 化工　　　　C. 科学

2. 随着汽车的普及和用量的增加，也造成了一系列问题，例如（　　）、环境污染、资源消耗。

A. 交通拥堵　　　　B. 消费水平下降

C. 全球变暖

3. 据统计，每生产一辆汽车，就可以带动上下游产业增加约（　　）万元的产值。

A. 10　　　　B. 15　　　　C. 20

4. 汽车在制造阶段需要大量的（　　），他们主要负责汽车的装配和生产线运作。

A. 销售工人　　　　B. 技术人员　　　　C. 生产工人

5. 随着汽车的广泛普及和使用，城市规划和（　　）迎来了新的挑战和机遇。

A．基础建设　　　　B．环境保护　　　C．经济发展

6．随着科技的发展和社会的变革，汽车的地位也在不断演变，未来汽车的发展方向不包括（　　）。

A．智能　　　　　　B．环保　　　　　C．可持续　　　　D．高速度

7．汽车的（　　）是衡量一个国家发达水平的重要标志，许多国家把汽车工业作为国民经济的支柱产业。

A．制造和应用　　　B．销售和应用　　C．设计和销售

三、判断题（正确的打"√"，错误的打"×"）

1．目前来看，汽车正在走向轻电子、高网络、善智能、高能耗的多样化汽车时代，以电子产品为代表的一大批高科技产品在汽车上的装车率日益提高。（　　）

2．大城市中，由于公共交通无法满足多样化的市民出行需求，自行车成为居民个性化出行的首选。（　　）

3．农村地区，汽车扮演着连接城乡的重要角色，成为农民融入现代化社会的桥梁。通过汽车，农民能够更加方便地将农产品运送到城市，拓宽了他们的销售渠道，提升了收入水平。（　　）

4．汽车在经济方面扮演着举足轻重的角色，汽车产业是许多国家的支柱性产业之一，直接或间接创造了大量就业机会。（　　）

5．汽车产业作为制造业的引领者，不仅在数量上为就业市场提供了巨大空间，更在技术和产业结构上对整个制造业产生着深刻影响。（　　）

6．为了适应汽车数量规模的增长，城市需要进行更加科学合理的规划，以确保交通系统的高效运作和城市的可持续发展。（　　）

7．汽车仅是交通工具，对社会经济、文化没有多少影响。（　　）

8．汽车是一种综合性强、技术含量高、批量大的产品，它在国民经济、国防建设和人民生活等方面起着十分重要的作用。（　　）

四、综合题

1．简答题

（1）简单描述汽车在当今社会的主要地位。

（2）汽车产业对制造业的发展有哪些深远影响？

2. 实践题

想一想，汽车对你的生活有哪些影响？

第二节　汽车竞赛

一、填空题（将正确答案填在横线上）

1. 国际汽车联合会承认的赛车运动诞生日是____________。

2. ____________是现代汽车竞赛的发源地。

3. ____________是目前世界上仅存的、最具历史色彩的赛事之一。它是由法国赛车界的领袖杜杭、赛车记者法胡、赛车制造商寇基三人于1923年创办的。

4. ____________________是方程式汽车竞赛中的最高级别比赛。

5. ________________是最小型的场地赛车项目，始于1940年，最早在东欧出现，后逐渐推广。

6. ____________________是国际汽联力推的一项清洁能源汽车赛事，目标是在推广清洁能源汽车的可持续发展理念。

7. 一级方程式锦标赛首次举行比赛的地点是________________。

8. 勒芒大赛从 1923 年开始，每年________月在法国勒芒举行。

9. 据“国际汽联”统计，每年能够取得 F1 赛车驾驶资格的车手不超过_________名。

二、选择题（将正确答案的序号填在括号内）

1.（　　）年 4 月 20 日，法国《汽车》杂志主编弗谢筹办了从巴黎的桑·贾姆沿塞纳河直至努伊伊的汽车比赛，这是世界上第一次有记录的汽车比赛。

A. 1886　　B. 1887　　C. 1888

2. 世界首场一级方程式锦标赛于 1950 年在（　　）举办。

A. 英国　　B. 美国　　C. 法国

3. 直线竞速赛与田径比赛中的短跑赛有许多相似之处，其竞赛结果代表了汽车行驶速度的极限，比赛按车型及发动机排量不同分为（　　）个级别。

A. 9 到 10　　B. 10 到 11　　C. 12 到 14

4. 电动方程式锦标赛是从（　　）年开始举办的，目前有 12 支车队参赛，每支车队有两名车手。

A. 2013　　B. 2014　　C. 2015

5. 印第安纳波里斯 500 汽车大赛是（　　）举办的一项著名汽车场地赛。

A. 英国　　B. 美国　　C. 法国

6. 印第安纳波里斯 500 汽车大赛首次举办是在（　　）年。

A. 1911　　B. 1912　　C. 1913

7. 直线竞速赛是为决出跑得最快的汽车和创造新的汽车车速纪录而进行的比赛，是在（　　）举办的。

A. 英国　　B. 美国　　C. 法国

8. 汽车越野赛属于汽车道路比赛项目，是在一个国家的公路和自然道路上进行的，每阶段的行驶距离不超过（　　）km。

A. 300　　B. 350　　C. 400

9. 世界汽车拉力锦标赛（WRC）的首场比赛是在（　　）年举办的。

A. 1970　　B. 1972　　C. 1973

10. 国际 GT 跑车耐久赛简称 GT 赛，始于（　　）年，是一种在规定赛道上进行长时间连续行驶的耐久性比赛。

A. 1993　　B. 1994　　C. 1995

三、判断题（正确的打“√”，错误的打“×”）

1. 勒芒24小时耐久赛是在法国举办的。（ ）

2. 没有“国际汽联”签发的“超级驾驶执照”，车手也可以参加一级方程式锦标赛。（ ）

3. 直线竞速赛属于汽车场地赛，是为了决出跑得最快的汽车，起源于第一次世界大战期间。（ ）

4. 电动方程式锦标赛目前共有12支参赛车队，每支车队有两名车手，其中，中国车队有两支。（ ）

5. 直线竞速赛与田径比赛中的短跑赛有许多相似之处，其竞赛结果代表了汽车行驶速度的极限。（ ）

6. 世界一级方程式锦标赛是1950年在美国银石赛车场最早举办的，每年举行28场比赛。（ ）

7. 所谓“方程式”赛车是指按照国际汽车联合会规定标准制造的赛车。标准对“方程式”赛车的车长、车宽、车重，发动机功率、排量，是否用增压器及轮胎尺寸等都作了严格规定。（ ）

8. GT赛的赛车主要有阿斯顿－马丁、雪佛兰、法拉利、兰博基尼、玛莎拉蒂、保时捷、塞琳等。（ ）

9. 汽车越野赛属于汽车道路比赛项目，赛程不得超过20天。（ ）

10. 汽车拉力赛主要在有路基的土路、沙砾路、沥青路上进行。（ ）

四、综合题

1. 简答题

（1）世界上较有影响力的汽车竞赛有哪些？

（2）简述“方程式”赛车名称的含义和由来。

2．实践题

你还知道哪些汽车竞赛项目？

第三节 汽车展览

一、填空题（将正确答案填在横线上）

1．德国国际汽车及智慧出行博览会的前身是__________________。

2．素有“汽车奥运会”之称的车展是________________，2019 年，在参观人数和参展商大幅下降后，展会的理念开始向致力于气候中和的 360° 移动出行平台转型。

3．________________的前身是美国底特律国际汽车展览会，是美国历史上创办最早的车展，由底特律汽车经销商协会主办。

4．________________作为世界五大车展之一，是欧洲唯一每年举办的大型车展，素有“国际汽车潮流风向标”之称。

5．起源于 1898 年的国际汽车沙龙会，现今为________________。

6．____________________是国际五大车展中历史最短的，曾被誉为“亚洲汽车风向标”，创办于 1954 年。

7．北京国际汽车展览会，简称“北京车展”，自 1990 年创办以来，________举办一届。

8．________________创办于 1985 年，逢单数年的四月下旬举行，是中国最早的专业国际汽车展览会。

9．__________________创办于 1998 年，是中国西部地区规模最大、规格最高的年度汽车盛会，已通过国际展览业协会（UFI）认证。

10．__________________创办于 2003 年，是目前国内最年轻的国际汽车展会。

二、选择题（将正确答案的序号填在括号内）

1．德国国际车展（IAA）创办于（　　）年。

A．1850　　B．1897　　C．1852

2．（　　）年，底特律国际汽车展览会更名为北美国际汽车展，每年 1 月举办。

A．1987　　B．1988　　C．1989

3．伴随着中国汽车工业的发展，经过多年积累，（　　）已成为中国最权威、国际上最具影响力的车展之一，也是亚洲最大规模的车展。

A．北京国际车展　　B．成都国际车展

C．上海国际车展

4.（　　）曾被誉为“亚洲汽车风向标”，创办于 1954 年。

A．北京国际车展　　B．东京国际车展

C．上海国际车展

5. 日内瓦国际车展创办于（　　）年。

A．1924　　B．1934　　C．1944

6. 2024 年，日内瓦国际车展成为中国汽车品牌的“主场”，凸显了全球汽车行业的（　　）趋势。

A．电动化　　B．精细化　　C．混动化

7.（　　）以量产车型首发而闻名，每年总有四五十款新车在车展上亮相，车展办得像假日集会，热闹非凡。

A．北美国际车展　　B．日内瓦国际车展

C．东京国际车展

8.（　　）年，IAA 在法兰克福举办 70 年后，首次以全新名称“IAA MOBILITY”亮相于德国慕尼黑。

A．2019　　B．2021　　C．2022

9.（　　）的汽车设计一向以新颖独特著称，富于浪漫和充满想象力。

A．中国　　B．美国　　C．法国

10.（　　）具有鲜明的特点，本土车厂生产的五花八门、千姿百态的小型汽车历来是展会的主角。

A．日内瓦国际车展　　B．东京国际车展

C．北美国际车展

三、判断题（正确的打“√”，错误的打“×”）

1. 上海国际汽车工业展览会被誉为“亚洲汽车风向标”。（　　）

2. 北京国际汽车展览会简称“北京车展”，1990 年创办，每年一届，4 月下旬在中国国际展览中心和全国农业展览馆举办，是国际汽车展览会著名的品牌展会之一。（　　）

3. 上海国际汽车工业展览会又称上海国际车展（Automobile Shanghai），创办于 1985 年，逢单数年的四月下旬举办，是中国最早的专业国际汽车展览会。（　　）

4. 巴黎国际车展起源于 1898 年的国际汽车沙龙会，1976 年之前每两年举办一届，此后每年举办一届。（　　）

5. 中国最年轻的车展是成都车展。（　　）

6. 1900 年 11 月，美国纽约汽车俱乐部召开了第一届世界汽车博览会，1907 年转

迁到底特律汽车城。（　　）

7. 广州国际汽车展览会创办于2003年，是国内目前最年轻的国际车展，其定位是“高品位、国际化、综合性”。（　　）

8. 汽车展览（Auto Show）是由个人组织联合汽车制造商和汽车销售商，在会展中心举行的汽车产品展示展销会或汽车行业经贸交易会。（　　）

9. 巴黎国际车展概念车云集，各款新奇的概念车常常让观众眼前一亮。（　　）

10. 北京国际车展是中国最早的专业国际汽车展览会。（　　）

四、简答题

1. 欧美著名的汽车展览有哪些？简述这些车展的特点。

2. 亚洲著名的汽车展览有哪些？简述这些车展的特点。

第六章　汽车新技术与未来汽车

第一节　汽车新技术

一、填空题（将正确答案填在横线上）

1. 动力电池的____________直接关系到新能源汽车的续航里程和竞争力。

2. 动力电池的__________和__________直接关系到新能源汽车的安全。

3. ______________和超充桩也是实现大功率快充的主要方案。

4. ______________技术可以实现对动力电池的实时监控和管理，提高电池的利用率和安全性。

5. ______________是利用不同的动力源在不同的工况下发挥各自的优势，实现最佳动力匹配和能量管理，是传统燃油技术与纯电动技术的一种过渡。

6. 常见的混合动力技术有______________、______________、油电混动（HEV）和轻混（MHEV）四种。

7. 常见的"大三电"集成主要是指________、________、________三合一电驱动系统。

8. 目前，新能源汽车使用的电机主要是____________电机和____________电机。

9. ________电机具有小型化、集成化、高功率密度等特点，是新能源汽车电驱系统发展的趋势之一。

10. 线控底盘是指通过__________控制车辆底盘的运动，包括转向、驱动、制动等。

11. ______________就是要在保证汽车强度和安全的前提下，尽可能降低汽车的整备质量，从而提高汽车的动力性和减少能源消耗。

12. ______________是一项较新的汽车节能环保技术。其主要是利用氢气和氧气在燃料电池中发生电化学反应，直接向汽车供电，过程中只产生热量和水。

13. ______________系统也称再生制动系统，其可以将制动时产生的能量回收转化为电能储存在蓄电池中，以减少能源浪费，提高汽车能效。

14. ____________技术实际可划分为"智能"和"网联"两部分。"智能"主要指车辆具备的复杂环境感知、智能决策和控制等功能，"网联"主要指信息互联共享功能。

15. ________是智能网联汽车智能设备的基础和灵魂。

二、选择题（将正确答案的序号填在括号内）

1.（　　）问题不属于汽车产业要解决的全球公认四大公害问题。

A. 核污染　　B. 能源短缺　　C. 环境污染　　D. 交通安全

2. 将“大三电”、“小三电”、电池管理系统、整车控制器集合成多合一电驱动系统的代表厂商是（　　）。

A. 蔚来　　B. 威迈斯　　C. 比亚迪　　D. 日本电产

3. 线控底盘五大核心系统中，（　　）因起步较晚、技术门槛高，目前渗透率还一直处于低位。

A. 线控油门、线控悬架　　B. 线控转向、线控制动

C. 线控悬架、线控换挡

4. 以下不属于汽车车身轻量化技术路径的是（　　）。

A. 新型材料的使用　　B. 一体化压铸

C. 冲压焊接

5. 以下不属于汽车节能环保技术的是（　　）。

A. 人机界面技术　　B. 燃料电池技术

C. 能量回收制动系统　　D. 混合动力技术

6. 长距离无线通信技术用于提供即时的互联网接入，以下不属于长距离无线通信技术的是（　　）。

A. 4G/5G　　B. LTE　　C. GPRS　　D. 蓝牙技术

7. 以下不属于智能网联技术的是（　　）。

A. 超级电容技术　　B. 云端计算及服务整合

C. 信息安全技术　　D. 车联网技术

8. 以下材料中，（　　）是适应汽车轻量化要求的新材料。

A. 碳纤维材料　　B. 碳素钢　　C. 灰铸铁　　D. 铝合金

9. 2019 年，（　　）推出了全球首款搭载 800 V 电池架构的量产车型——Taycan。

A. 保时捷　　B. 比亚迪　　C. 特斯拉　　D. 宝马

10.（　　）是智能网联汽车重点发展的技术，其成熟度和使用率代表了智能网联汽车的技术水平。

A. 车联网技术　　B. 环境感知技术

C. 信息安全技术　　D. 先进驾驶辅助技术

三、判断题（正确的打“√”，错误的打“×”）

1. 刀片电池实为比亚迪研发多年的“超级磷酸铁锂电池”，其主要特点是将电芯进

行扁平化设计。 （ ）

2. 未来，动力电池技术需要不断提高安全性和可靠性，减少电池燃烧、爆炸等安全事故的发生。 （ ）

3. “充电慢”是新能源汽车的核心痛点，未来，快速充电技术将是动力电池技术的重要发展方向。 （ ）

4. 智能电池管理技术可以实现对动力电池的实时监控和管理，提高电池的利用率和安全性。 （ ）

5. 未来，混合动力技术的发展方向将主要包括提高电池续航里程、降低成本、优化能量管理等。 （ ）

6. 油电混动（HEV）技术在解决纯电动汽车续航里程短的问题上具有较大优势，有望成为一种重要的过渡技术。 （ ）

7. 扁线电机具有小型化、集成化、高功率密度等特点，是新能源汽车电驱系统发展的趋势之一。 （ ）

8. 碳化硅器件在电动汽车市场具有巨大潜力，碳化硅功率器件取代传统硅基功率器件已成为行业发展趋势。 （ ）

9. 陶瓷刹车盘的重量只有普通铸铁刹车盘的不到一半。 （ ）

10. 未来，汽车安全技术将进一步集成化，各相关技术之间也将深度融合，实现有效信息传递，汽车安全技术将向着更高效和更智能化的方向发展。 （ ）

11. 汽车节能与环保新技术仅仅牵涉动力系统。 （ ）

12. 混合动力技术目前仍处于初级阶段，未发展壮大起来。 （ ）

13. 太阳能充电技术即将太阳能转化为电能为汽车电池充电。 （ ）

14. 环境感知包括车辆本身状态感知、道路感知、行人感知、交通信号感知、交通标识感知、交通状况感知、周围车辆感知等。 （ ）

15. 在智能网联汽车中，必须重视信息安全与隐私保护技术的研究。 （ ）

四、综合题

1. 简答题

（1）汽车动力系统有哪些新技术？

（2）简述汽车节能与环保有哪些新技术。

（3）什么是“智能网联”？涉及哪些关键技术？

2. 实践题

查阅资料，完成一篇关于中国纯电动汽车市场发展趋势的分析报告。

第二节 未来汽车

一、填空题（将正确答案填在横线上）

1. AI人工智能时代已经来临，汽车不再仅仅只是一种交通工具，还是一个能够提供多样化服务的智能移动空间，所以未来汽车的发展方向是__________汽车和__________汽车。

2. 新能源汽车主要包括__________汽车、燃料电池电动汽车（FCEV）、混合动力汽车、氢能源动力汽车、其他新能源（如高效储能器、二甲醚）汽车等。

3. ______________________是电动汽车的核心，也是区别于内燃机汽车的最大不同点。

4. 2020年，______________________作为新能源汽车推广配套设施，首次被写进政府工作报告，纳入“新基建”项目，成为七大产业之一。

5. 燃料电池电动汽车是以氢气、甲醇等为燃料，通过________________产生电能并依靠电机驱动的汽车。

6. 混合动力汽车是指车上装有________个以上动力源（包括蓄电池、燃料电池、太阳能电池、发动机、电动机驱动等）的汽车。

7. 一般来说，概念车主要分为____________和__________两种类型。

8. 美国汽车造型之父是______________。

二、选择题（将正确答案的序号填在括号内）

1. 以下类型的汽车中，（ ）不属于新能源汽车。

A. 纯电动汽车　　B. 燃料电池汽车

C. 燃油汽车　　D. 氢能源汽车

2. 电动汽车的优点中，不包括（ ）。

A. 电池能量密度高　　B. 低碳环保

C. 电成本低

3. 目前，建立了全球最大充换电网络的国家是（ ）。

A．美国　　B．日本

C．中国　　D．德国

4．燃料电池汽车的优点中，不包括（　　）。

A．能量转化效率高　　B．零排放

C．续驶里程长　　D．燃料来源广泛

5．混合动力汽车的优点中，不包括（　　）。

A．电池可回收汽车制动、下坡、怠速时的能量

B．可关停发动机，单独由电池驱动

C．可利用现有加油站、充电站补充能量

D．维护保养简单、成本低

6．智能网联汽车是指通过搭载（　　）装置，运用人工智能等新技术，具有自动驾驶功能的汽车。

A．物联网　　B．传感器

C．摄像头　　D．芯片

7．世界公认的第一辆概念车是由（　　）汽车品牌推出的。

A．宝马　　B．奔驰

C．奥迪　　D．别克

8．进入 21 世纪，全球汽车产量以每年（　　）万辆左右的速度递增。

A．100　　B．200　　C．300　　D．400

三、判断题（正确的打"√"，错误的打"×"）

1．目前我国发展的新能源汽车主要是氢能源汽车。（　　）

2．燃料电池汽车和燃油汽车技术相似。（　　）

3．燃料电池汽车的燃料来源广泛，可以从可再生能源获得，不需要依赖石油。（　　）

4．混合动力汽车由于发动机可持续工作，电池也可不断充电，所以行程和普通燃油汽车不相上下。（　　）

5．混合动力汽车不会产生污染。（　　）

6．智能网联汽车的终极目标是无人驾驶汽车。（　　）

7．概念车都是虚拟的，不会量产。（　　）

8．概念车是最新汽车科技成果，代表着未来汽车的发展方向，能够给人以启发，并促进相互借鉴学习，但对于汽车企业没有什么太大的好处。（　　）

9．未来世界汽车工业的总体规模将更大，分布将更合理，中国将由汽车制造大国向汽车制造强国转变。（　　）

10．为了适应经济全球化，进一步推动全球开发、采购和销售，将美国、欧洲、亚

洲几大汽车标准统一为世界标准，是汽车工业界未来要面对的问题。（ ）

11．汽车生产消耗的资源和材料巨大，汽车消费所带来的能源、环境和交通安全问题依然严重，汽车工业唯有承担起社会责任，确保社会的可持续发展，才能有自身的可持续发展。（ ）

12．未来汽车工业的新增产能将主要集中在发展中国家，其中以中国的发展速度最快。（ ）

四、综合题

1．简答题

（1）比较各种新能源汽车的优、缺点。

（2）什么是智能网联汽车？

2. 实践题

发挥你的想象，描述出你心中未来汽车的样子。